Date: 04/07/21

Todo tipo de amigos

Mis amigos usan sillas de ruedas

por Kirsten Chang

Ideas para padres y maestros

Bullfrog Books permite a los niños practicar la lectura de texto informativos desde el nivel principiante. Las repeticiones, palabras conocidas y descripciones en las imágenes ayudan a los lectores principiantes.

Antes de leer
- Hablen acerca de las fotografías. ¿Qué representan para ellos?
- Consulten juntos el glosario de fotografías. Lean las palabras y hablen de ellas.

Durante la lectura
- Hojeen el libro y observen las fotografías. Deje que el niño haga preguntas. Muestre las descripciones en las imágenes.
- Léale el libro al niño o deje que él o ella lo lea independientemente.

Después de leer
- Anime al niño para que piense más. Pregúntele: ¿Conoces a alguien que use una silla de ruedas? ¿Cómo puedes demostrarle tu amistad?

Bullfrog Books are published by Jump!
5357 Penn Avenue South
Minneapolis, MN 55419
www.jumplibrary.com

Copyright © 2020 Jump! International copyright reserved in all countries. No part of this book may be reproduced in any form without written permission from the publisher.

Library of Congress Cataloging-in-Publication Data is available at www.loc.gov or upon request from the publisher.

ISBN: 978-1-64527-018-8 (hardcover)
ISBN: 978-1-64527-019-5 (paperback)
ISBN: 978-1-64527-020-1 (ebook)

Editor: Susanne Bushman
Designer: Molly Ballanger
Translator: Annette Granat

Photo Credits: Tad Saddoris, cover, 8, 9 (foreground), 23br; ktaylorg/iStock, 1, 24; Image Source/iStock, 3; fatihhoca/iStock, 4, 5, 6–7; bearmoney/Shutterstock, 9 (background); AnnGaysorn/Shutterstock, 10–11 (boy), 12–13, 23tr; CHUYN/iStock, 10–11 (ramp), 23tr; Zoja Hussainova/Shutterstock, 14–15, 23bl; Jaren Jai Wicklund/Shutterstock, 16; Richard Hutchings/Getty, 17; FatCamera/iStock, 18–19; kali9/iStock, 20–21; Vereshchagin Dmitry/Shutterstock, 22; dnaveh/Shutterstock, 23tl.

Printed in the United States of America at Corporate Graphics in North Mankato, Minnesota.

Tabla de contenido

Las ruedas son divertidas

David es mi hermano.

Él también es mi amigo.

David no puede caminar.

Usa una silla de ruedas.

Esta le ayuda a moverse de un lugar a otro.

Tocamos música.

¡Nos divertimos!

Linda se lastimó.

Ya no puede caminar.

Ahora usa una silla de ruedas.

Todavía le encanta pintar.

David va a la playa.

Usa una rampa.

rampa

David sale de su
silla de ruedas.

Papá le ayuda.

Juegan en la arena.

¡Qué divertido!

Tim y Carla bailan.
Tienen una rutina.
¡Guau!

Miguel toma el autobús
a la escuela.

El conductor
lo ayuda.

La madre de Cal
lo trae.

Yo pregunto si
puedo ayudar.

¡Me gusta ayudar!

rampa

Ana participa
en deportes.

Yo le echo porras.

¡Vamos, Ana!

Las sillas de ruedas no detienen a mis amigos. ¡Ellos pueden hacer muchas cosas!

Partes de una silla de ruedas

Hay diferentes tipos de sillas de ruedas. ¡Esta tiene un motor! Mira el resto de sus partes.

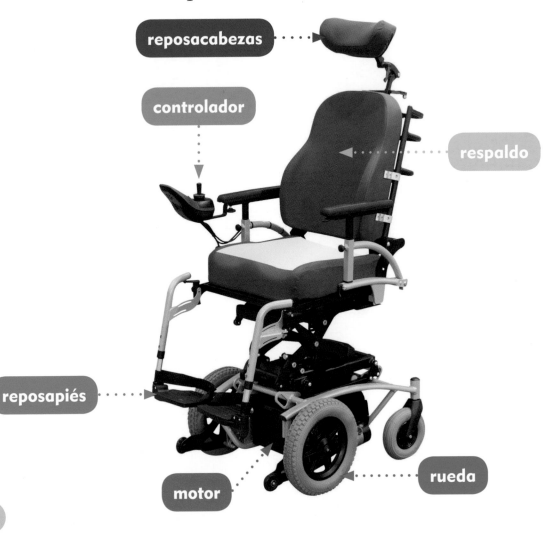

reposacabezas

controlador

respaldo

reposapiés

motor

rueda

Glosario de las fotografías

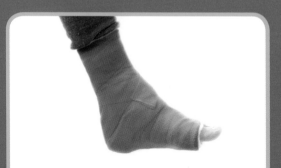

lastimado
Herido o dañado.

rampa
Una inclinación que conecta
dos niveles diferentes.

rutina
Un serie planificado
de movimientos.

silla de ruedas
Una silla con ruedas usada por
personas que no pueden caminar o
que tienen dificultad para caminar.

Índice

Para aprender más

Aprender más es tan fácil como 1, 2, 3.

➊ Visite www.factsurfer.com

➋ Escriba "misamigosusansillasderuedas" en la caja de búsqueda.

➌ Haga clic en el botón "Surf" para obtener una lista de sitios web.